AF267170

LA COMMUNE

ET

L'ASSEMBLÉE

PAR

ÉDOUARD LOCKROY

ANCIEN REPRÉSENTANT

CONSEILLER MUNICIPAL DE PARIS

PARIS

ARMAND LE CHEVALIER, ÉDITEUR

61, RUE DE RICHELIEU, 61

—

1871

LA COMMUNE

ET

L'ASSEMBLÉE

I

Question.

Comptons les désastres ;

Trente à quarante mille cadavres d'ouvriers et de soldats semés autour de Paris ;

Trois de nos forts détruits ;

L'Hôtel de ville en cendres ;

Le Palais-Royal, le ministère des finances, la Cour des comptes, etc., etc., brûlés ;

Cette caverne, qui aurait pu devenir un musée, une école ou un hôpital, — et qu'on appelait : les Tuileries, — brûlée aussi ;

Un nombre considérable de maisons particulières où vivaient de braves bourgeois et de bons ouvriers, brûlées comme les Tuileries, le Palais-Royal et l'Hôtel de ville ;

Un nombre énorme d'hommes et de femmes fusillés sommairement et enterrés dans les squares, sur les quais et sous les trottoirs des rues ;

Trente mille hommes et femmes entassés pêle-mêle dans les prisons, dans les maisons d'arrêt, dans les entre-ponts des vaisseaux de l'État ;

Neuilly détruit ;

Asnières détruit ;

Grenelle, le Point-du-Jour, le Bas-Meudon, Issy, Clamart, Vanves, Châtillon, les Ternes, Auteuil, le bois de Boulogne, détruits ;

Paris désert et épouvanté ;

Les faillites innombrables ;

La dette augmentée ;

Les partis royalistes qui conspirent et qui agitent la Chambre et le pays ;

Le duc d'Aumâle, député, disant à la France : « Prenez mon neveu, » comme Lajingeole disait : « Prenez mon ours » ;

Le boiteux légitime de Froshdorf arrivant appuyé sur le pape comme sur une béquille ;

Napoléon III faisant rempailler et remplumer l'aigle de Boulogne ;

La réaction hideuse et triomphante menée en laisse par M. Ventavon.

Cinquante journaux supprimés ;

Le cautionnement rétabli ;

L'état de siége prolongé ;

Cent mille électeurs rayés des listes ; deux cent mille votants sur trois cent quatre-vingt-dix mille inscrits ;

M. Trochu au pinacle ;

M. Ducrot vaincu, bien portant et applaudi ;

Paris, assiégé par les Prussiens et pris d'assaut par les Français ;

Les canons qui nous ont défendus contre l'ennemi, promenés couverts de fleurs dans les rues de Versailles ;

M. Jules Favre, après avoir cédé la plus riche partie de notre territoire, demandant la destruction de notre dernière forteresse ;

Et, pour mettre le comble à tant de malheurs, le rire de M. de Bismarck répété par les échos de Montmorency !

Le premier devoir de tout citoyen honnête n'était-il pas de chercher à sauver la République en même temps qu'à éviter tant de crimes, de catastrophes et de hontes ?

Je le demande à tout homme de bonne foi, — s'il y en a, — et à tout homme de bon sens, — s'il en reste.

II

Quelques sophismes.

Deux opinions se sont produites sur la révolution du 18 mars. Voici la première : « Les désastres étaient inévitables. Ni l'Assemblée, ni la Commune, ni aucune puissance humaine ne les pouvaient conjurer. Nous avons subi la logique fatale des événements. » J'espère prouver que les désastres eussent pu être évités, non pas une fois, mais dix. Je crois d'ailleurs que toutes les grandes secousses, politiques ou sociales, peuvent être évitées avec de la sagesse, de la prudence et du sang-froid.

Les révolutions sont comme les enfants : elles ne demandent pas à naître. Il est facile de n'en point avoir. Cependant quand elles viennent au monde, c'est toujours la faute de quelqu'un.

L'autre opinion a ceci de curieux qu'elle a été soutenue et défendue dans les journaux qui « pensent bien, » au nom de la religion, et au nom de la philosophie matérialiste dans les journaux qui ne pensent pas.

Cette opinion se résume ainsi :

« Tout ce qui est arrivé est fort heureux. Des milliers d'hommes armés menaçaient la société et le gouvernement. Au prix de tous les sacrifices, il fallait les vaincre. Aujourd'hui qu'ils sont vaincus, il faut les tuer. Une fois ces gens morts, la société sera tranquille, le gouvernement solide, l'ordre assuré pour toujours. »

L'écrivain catholique ajoutait ; « On ne doit reculer devant rien quand il s'agit de venger la religion outragée. »

Le philosophe ajoutait : « Le premier devoir de toute société est de se défendre, c'est-à-dire d'exterminer ses ennemis, sans jugement préalable, en vertu du droit de légitime défense, eût-elle affaire à des fous, à des malfaiteurs ou simplement à des gens convaincus.

« Je demande quatre-vingt mille têtes. »

Ce raisonnement ne vaut pas qu'on le réfute. Je ferai seulement remarquer à ceux qui le tenaient, qu'il est précisément le même qu'on reproche à Marat.

Marat disait :

« Le premier devoir de toute société est de se défendre, c'est-à-dire d'exterminer ses ennemis. Nous représentons la société. Les aristocrates nous menacent. Nous devons donc exterminer les aristocrates. Après cela, nous vivrons tranquilles.

« Je demande quatre-vingt mille têtes. »

Ce raisonnement, ceux qui ont fusillé Chaudey et les otages, auraient pu le tenir. Ils auraient pu dire :

« Le premier devoir de toute société est de se défendre. Nous représentons la société prolétaire en face de la société bourgeoise. Nous pouvons donc exterminer les bourgeois. »

Ce raisonnement, Catherine de Médicis l'a tenu. Elle a dit :

« Le premier devoir de toute société est de se défendre. Les huguenots menacent la société. J'ai donc le droit de massacrer les huguenots. »

Elle a conclu à la Saint-Barthélemy.

Ce raisonnement a été celui des seigneurs du moyen âge à l'égard des Jacques ; celui des empereurs à l'égard des premiers chrétiens. C'est le raisonnement de tous les despotes, de tous les fanatiques et de tous les « hommes d'ordre ». Il est, comme la tyrannie, féroce et stupide.

Et, cependant, aujourd'hui, ce raisonnement a été tenu par des écrivains religieux d'une part, par des soi-disant philosophes de l'autre. Pour la première fois Jésus-Christ et Büchner se sont rencontrés sur le même terrain. — Il est vrai que c'était pour dire une sottise.

III

Paris.

L'armistice signé, deux grandes forces ennemies se sont trouvées en présence : Paris, l'Assemblée. Je dis l'Assemblée et non point la France. L'Assemblée ne représentait la France que sur une question spéciale. Elle avait un mandat défini.

C'est une justice à rendre au gouvernement de la défense nationale comme au gouvernement institué depuis à Bordeaux, que, ni l'un ni l'autre n'ont jamais compris l'état de Paris, ni pris au sérieux ses revendications et son mécontentement continuels. Paris a toujours passé pour se livrer, de gaieté de cœur, à de grandes fantaisies politiques. Quand, autrefois, il élisait MM. Jules Favre, Picard, Pelletan, Simon, et enfin M. Thiers, on disait : « Paris veut *taquiner* le gouvernement ». Quand Paris a demandé la guerre à outrance, on a dit : « C'est une fanfaronnade ». Quand Paris a nommé Delescluze, Cournet, Razoua et Millière, on a dit : « C'est une gaminerie ».

La vérité, qui a été dite dernièrement par M. John Lemoine, — après quelques autres, — est que Paris, depuis bien longtemps, et contrairement à l'opinion officielle, se sent opprimé par les campagnes, et qu'il s'efforce et de protester et de secouer le joug. L'empire avait si habilement manié les circonscriptions électorales, il avait joué avec tant d'adresse du suffrage universel, qu'il était parvenu à dominer Paris à l'aide des forces aveugles de la province, de même qu'en centralisant tous les pouvoirs administratifs et politiques dans la même ville, il avait dominé la province à l'aide de Paris: Il avait, en un mot, combinant deux forces qui se neutralisaient, anéanti toute liberté, supprimé tout contrôle, enlevé au pouvoir absolu tout contre-poids.

Grâce à ce système, Paris méprisait la province. La province détestait Paris. La province devait à Paris, qui absorbait toutes ses forces, sa prostration morale et sa dépendance ; Paris devait à la province un gouvernement odieux , qui lui avait imposé et l'administration dictatoriale et malhonnête de M. Haussmann ; et un Corps législatif prêt à tout voter : les expéditions du Mexique aussi bien que les guerres sur le Rhin. Paris prévoyait la banqueroute ; il était écrasé par les plébiscites, et il subissait M. Ollivier. N'était-ce pas assez pour légitimer toutes ses colères ?

On disait, cependant : il ne faut pas attacher trop d'importance aux votes de Paris. Paris joue à l'opposition. Il n'y a de vrais mécontents que dans un petit coin : à Belleville.

Les membres du gouvernement de la défense nationale ne virent pas mieux que les gens de l'empire, l'état des esprits. Ils furent trompés par les journaux de la bourgeoisie bien pensante , qui demandaient la paix. Ils ne se rendirent point compte du grand mouvement patriotique qui se produisait, et qui alla jusqu'à la rage. Ils crurent que la garde nationale demandait seulement à gagner trente sous par jour et à jouer au soldat. Ils n'éprouvèrent point cette superbe folie, qui emportait la masse du peuple, qui lui faisait oublier le danger, mépriser la mort, désirer le combat. Ils restèrent cois, étourdis et transis par l'éloquence de M. Trochu, qui tombait jour et nuit en cascade, sur l'Hôtel de ville : douche d'eau claire et froide échappée d'un intarissable robinet !

Un membre de la défense me disait au mois d'octobre dernier :

« Nous ne risquerons pas, hors de Paris, un seul bataillon de la garde nationale. Si un père de famille était tué, le lendemain, on nous *lapiderait* dans les rues. Le surlendemain, on rendrait la ville. »

Après la capitulation, Paris élut :

Gambetta, parce qu'il était l'adversaire du gouvernement de la défense nationale ; qu'il l'avait condamné dans ses décrets et flétri dans ses dépêches ;

Ranc, parce qu'il avait aidé et soutenu Gambetta ;

Delescluze, parce qu'il avait pris part au 31 octobre ;

Cournet et Razoua, parce qu'ils avaient pris part au 31 octobre ;

Millière, qui n'était point populaire, et surtout dans la bourgeoisie, parce qu'il avait pris part au 31 octobre ; parce qu'il avait attaqué Jules Favre.

Ces élections étaient faites pour ouvrir les yeux.

Peu de temps après, lors de l'entrée des Prussiens, une partie de la population se rua sur les canons abandonnés et les emporta. Le gouvernement de Bordeaux, comme le gouvernement de la défense nationale, comme le gouvernement impérial, continua de dire : « C'est Belleville. »

Huit jours après, l'Assemblée vota la loi sur les loyers et la loi sur les échéances. La première frappait les malheureux, les ouvriers, les prolétaires ; la seconde, les industriels, les commerçants, les boutiquiers.

Quand le 18 mars arriva, la bourgeoisie laissa faire.

IV

L'Assemblée.

C'était une chose plaisante à voir et qui serait plaisante à décrire que l'Assemblée de Bordeaux. C'était une masse d'hommes confuse, étrange, hétérogène, variée, tumultueuse et triste. Un sentiment la dominait : l'effarement. Elle entrait en tâtonnant et en trébuchant dans la politique. Sa responsabilité l'effrayait. Elle pressentait la haine et les récriminations de l'avenir. Elle cherchait, sans y parvenir, à se grouper et à se discipliner. Tantôt elle s'abandonnait à ses passions, tantôt elle revenait effrayée sur les décisions prises. Elle se montrait craintive et violente. Elle insultait Garibaldi ; elle tremblait au nom de M. de Bismarck.

Il y avait là des gentilshommes qui sortaient de leurs châteaux comme des momies sortiraient de leurs gaînes, et qui se regardaient entre eux, étonnés de se retrouver vivants après tant de siècles écoulés.

On entendait là des paroles étranges et des accents qui ne paraissaient plus humains.

La sonnette du président semblait avoir la même puissance que la trompette du jugement : elle réveillait des fantômes. Pendant l'appel nominal, on croyait voir des morts se lever à la voix de M. Grévy. Derrière certains représentants, on cherchait les tombeaux qui les avaient rejetés. Gozlan, s'il avait lu le compte rendu de nos séances, eût pu s'imaginer qu'on avait ajouté un chapitre à ses *Nuits du Père-Lachaise*.

Il y avait aussi des industriels oubliés dans leurs usines ou leurs manufactures depuis le règne de Louis-Philippe. Hélas! combien étrangers au temps présent! Ils semblaient plus vifs que les autres, plus dispos et plus ardents. Cette apparence pouvait tromper des yeux peu exercés. En réalité, ils n'étaient qu'embaumés récemment. On aurait dit qu'un savant avait voulu comparer le procédé Gannal au procédé égyptien.

M. Thiers parlait à cette Assemblée doucement, comme un professeur chargé d'enseigner des élèves riches, qu'il ménage. Ses discours étaient empreints d'une tendresse profonde, patiente et attentive. Il s'y mêlait un peu de pitié.

Cette Assemblée représentait-elle la France? Oui et non. Oui, car elle avait un mandat spécial, et qu'elle a tranché la question de paix et de guerre comme la majorité du pays désirait la voir tranchée. L'Assemblée a voulu la paix. La France, c'est un fait, voulait la paix. La France avait élu l'Assemblée en vue de la paix. Elle n'avait point entendu lui donner d'autre mission que de la conclure.

Selon que les candidats, en province, promettaient la paix ou la guerre, ils obtenaient des voix. On songeait peu à s'enquérir de leurs opinions politiques. Bonapartistes? légitimistes? orléanistes? républicains? Peu importait! Désiraient-ils la continuation de la guerre? Désiraient-ils conclure la paix? On ne voulait point en demander davantage. Beaucoup s'imaginaient que la paix faite, l'Assemblée allait se séparer. Et puis cette grande question de la paix et de la guerre, à laquelle se rattachaient tant de choses, tant d'intérêts et de si graves, dominait tout en ce moment. Rien, d'ailleurs, de si naturel. La fortune et la vie de chacun dépendaient des décisions de l'Assemblée. Deux grands partis se formèrent en France, qui absorbèrent tous les autres : le parti belliqueux et le parti pacifique.

Cela est si vrai qu'on vit plusieurs départements républicains élire des royalistes ; quelques départements royalistes élire des républicains. Naquet me racontait que dans Vaucluse, département républicain, si les candidats républicains s'étaient montrés belliqueux, la liste légitimiste passait à une grande majorité.

Les journaux de l'ordre, qui n'ont point encore été éclairés d'une lueur de sens commun, se sont beaucoup moqués de l'Algérie, à cette époque. L'Algérie avait élu Garibaldi. — Garibaldi ! s'écriaient ces feuilles honnêtes et spirituelles, Garibaldi ! l'Algérie, privée jusqu'à présent de députés, ne pouvait-elle choisir un homme connaissant mieux ses intérêts, ses aspirations, ses besoins ? Le choix n'est-il pas grotesque ? Le choix était parfaitement logique. De quoi s'agissait-il ? De décider la paix et la guerre. L'Algérie, — à tort ou à raison, — souhaitait la guerre à outrance. Ne devait-elle point nommer l'homme qui, à ses yeux, la personnifiait ?

Ce qui s'était passé en Algérie, s'était passé partout. Aussi les élections de février ont-elles produit ceci : que la France a été fidèlement représentée dans la discussion des préliminaires de la paix. Mais que, lorsqu'on en est venu à aborder les questions politiques et économiques, la France n'a plus été représentée du tout. L'Assemblée s'est mise à conduire à droite un pays qui voulait aller à gauche.

L'Assemblée ne représentait point les opinions politiques du pays. Elle ne les représente pas. Quand il s'est agi de décider entre la paix et la guerre, les électeurs ont pris au hasard, dans le tas des candidats, des légitimistes, des orléanistes, des républicains. Quand il s'est agi d'envoyer de nouveaux députés à la Chambre et d'élire des conseillers municipaux, les électeurs ont soigneusement choisi et nommé des républicains.

La majorité de l'Assemblée est monarchiste. La majorité du pays, aux dernières élections, s'est prononcée contre la monarchie.

Cette Assemblée, au moment où elle s'est réunie à Bordeaux, avait encore un défaut, ou plutôt un malheur immense, je dirais presque une infirmité : elle haïssait Paris. Elle l'appelait ; « Babylone ». J'ai entendu un député de la droite s'écrier, — comme on lui disait qu'une guerre civile pouvait y éclater :

« Les Parisiens s'égorgeront entre eux, ce ne sera pas un mal ! »

On comprend que cette Assemblée, qui avait insulté Garibaldi, élu de Paris, qui avait insulté Victor Hugo, élu de Paris, qui avait voulu siéger à Orléans et décapitaliser la France, qui, composée de propriétaires, avait voté une loi sur les loyers favorable seulement aux propriétaires , qui avait fabriqué une loi sur les échéances, sans s'inquiéter des besoins du commerce, on conçoit que cette Assemblée avait dû inspirer à Paris une antipathie profonde.

Cette antipathie éclata le 18 mars.

L'Assemblée, qui n'avait point compris ce qu'elle avait fait, et qui le trouvait tout naturel, se crut menacée par dix mille forçats, deux mille voleurs et environ cinq cents filles publiques.

V

Montmartre.

On a prétendu que l'enlèvement des canons par le peuple avait été le résultat d'un complot. Qu'une force dirigeante ait agi, cela est possible. Mais de « complot », il n'y en a point eu. S'il y en a eu, la majorité de la population parisienne était complice. Comme au 18 mars, elle a approuvé ou laissé faire.

Aucune « société secrète » n'aurait eu assez de monde à son service pour traîner six cents canons à travers Paris ; pour exciter le peuple ; pour contenir la bourgeoisie et « le parti de l'ordre ». Je ne crois point, d'ailleurs, aux sociétés secrètes. Quand elles n'ont pas l'opinion pour elles, elles sont impuissantes ; quand elles ont l'opinion pour elles, elles sont inutiles.

En livrant les forts aux Prussiens, on avait « oublié » les vivres, les munitions, le matériel. Les Prussiens s'étaient emparés du matériel, des munitions, des vivres. En livrant la ville, on semblait avoir encore « oublié » les canons. Les Prussiens n'allaient-ils point s'en emparer ? Ont-ils tant de respect pour les « conventions ? »

Six cents canons, gardés par quatre sentinelles au moment où l'armée ennemie pénètre dans la ville ! La « complicité » de Paris dans l'affaire des canons n'est-elle pas bien compréhensible ? On met tout ce qui s'est passé sur le compte des « comités » et des « sociétés secrètes », parce qu'on n'a jamais voulu avoir l'air de croire au patriotisme et à l'indignation de Paris.

La garde nationale se regardait comme propriétaire légitime des canons. Pour deux raisons : la première, ils avaient été payés par une souscription patriotique. La seconde, plus sérieuse : aux termes de la capitulation, l'armée devait rendre ses armes et son matériel ; la garde nationale devait garder son matériel et ses armes. Or, les Prussiens n'avaient pas réclamé les canons. On considérait donc ces canons comme appartenant à la garde nationale. Mais comment le général commandant supérieur ne les avait-il pas rendus à la légion d'artillerie ? Comment ne les avait-il pas mis en lieu sûr ?

Des gardes nationaux de tous les bataillons avaient enlevé les batteries. N'ayant point de chefs, ils nommèrent un « Comité directeur ». Depuis longtemps déjà, un autre comité fonctionnait dans le onzième arrondissement. Voici comment : un décret sage, rendu au mois de septembre, avait institué dans chaque bataillon un conseil de famille, composé de « délégués ». Un décret malheureux, rendu au mois de novembre, avait supprimé les « délégués » et reformé les conseils de famille. Les gardes tenaient à leurs « délégués », qui leur avaient rendu d'immenses services. Ils tenaient à l'institution. Voulant éluder le nouveau décret, ils imaginèrent de créer une sorte de conseil de famille pour la garde nationale tout entière. Ce conseil se réunit au comité des canons, et prit, plus tard, le titre de *Comité central.*

Les canons avaient été traînés à Montmartre. L'enthousiasme qui les avait fait enlever des parcs d'artillerie tomba bientôt. Les gardiens qui étaient trois mille le premier jour, furent réduits à trois cents, deux cent cinquante, deux cents. Le 17 mars, jour où M. Schœlcher monta sur la butte, ils n'étaient guère que quatre-vingts.

A ce moment, rien de plus facile que d'éviter la guerre civile.

Les gardiens des canons ne demandaient qu'à les rendre. M. Clémenceau, maire de Montmartre, qui négociait depuis huit jours, M. Lafont, son adjoint, M. Schœlcher, sont là pour en témoigner. Combien d'autres encore parmi les maires et adjoints de Paris ! Mais à qui rendre les canons ? A l'armée ? Ils ne lui appartenaient point. Et d'ailleurs qui ne comprendrait la répugnance de ce peuple à livrer ces canons aux généraux qui venaient d'abandonner leur matériel dans nos forts, qui avaient rendu Paris sans rien tenter pour la défense ? On voulait rendre les canons à la garde nationale.

Malheureusement, la légion d'artillerie était dissoute.

M. Schœlcher offrit de la reformer. On accepta. M. Schœlcher obtint l'assurance qu'on rendrait les canons. Il le fit dire au gouvernement.

Le soir, dans une réunion des maires et adjoints, à laquelle assistait M. Picard, MM. Clémenceau et Lafont apportèrent la promesse formelle que le Comité de Montmartre rendrait les canons.

M. Picard promit que le différend aurait une solution pacifique.

Le lendemain, les troupes prenaient Montmartre d'assaut.

VI

Le gouvernement.

M. Thiers se trouvait placé entre l'Assemblée religieuse et monarchiste, et Paris furieux, indigné, républicain et en partie socialiste. M. Thiers, il me semble, eut le tort de ne point croire à la puissance et à l'énergie du parti « avancé. »

Son but, il l'avait dit. Il voulait fonder la République. La République des républicains? Non. La République des socialistes? Encore moins. Quelle République? La sienne. Un gouvernement constitutionnel et parlementaire sans roi. Le gouvernement de Louis-Philippe sans Louis-Philippe.

Il voulait encore ramener l'Assemblée à Paris. M. Thiers est Parisien. Il est centralisateur. Il ne concevait point la France sans Paris.

L'Assemblée ne voulait ni de Paris ni de la République. Il fallait lui faire accepter l'une et l'autre. Comment? En donnant des gages au « parti de l'ordre ». En lui démontrant que la République pouvait être un « gouvernement fort, » que la forme républicaine ne supposait pas, nécessairement, l'absence d'autorité ; que lui, M. Thiers, chef du pouvoir exécutif de la République française, pouvait, aussi bien qu'un prince, « réprimer l'émeute », « contenir les mauvaises passions, » punir les « perturbateurs ».

Les « perturbateurs punis, les mauvaises passions contenues, l'émeute réprimée, qui empêchait d'accepter la République? Belleville dompté, qui empêchait d'accepter Paris? »

Une occasion se présentait. Cent ou deux cents individus,

qui effrayaient l'Assemblée, gardaient les canons de Montmartre. Il s'agissait de disperser ces individus et de reprendre ces canons. Après cela, on dirait à l'Assemblée : Paris est tranquille, habitez-le.

La République est faite : acceptez-la.

M. Thiers croyait n'avoir affaire qu'à « Belleville ».

M. Thiers n'avait pas assez tenu compte de Paris. Il avait froissé et exaspéré Paris. Paris ne pouvait lui pardonner ses deux ministres : M. Picard, M. Jules Favre.

M. Picard qui avait demandé la paix dans son journal, qui avait applaudi à la capitulation.

M. Jules Favre, odieux au parti avancé depuis le 31 octobre, odieux au parti réactionnaire depuis qu'il s'était refusé au désarmement de la garde nationale, odieux à tout le monde depuis qu'il avait signé la capitulation. Jamais homme n'a été chargé de tant de mépris.

Paris reprochait encore à M. Thiers d'avoir placé à la préfecture de police M. le général Valentin, qui, à tort ou à raison, passait pour bonapartiste ; d'avoir nommé gouverneur M. le général Vinoy, le Pylade de M. Trochu, l'homme qui avait signé la capitulation ; d'avoir enfin donné pour chef à la garde nationale M. le général d'Aurelles de Paladines, qui avait trouvé l'occasion de débloquer Paris et avait reculé.

Paris s'indignait encore de ce que M. Thiers avait suspendu six journaux. Quel gouvernement est-ce là, disait-on, qui supprime la liberté de la presse, qui tente le désarmement de la garde nationale et qui nous place sous le régime militaire ? Si, encore, nos généraux étaient des hommes de génie et des vainqueurs !

L'expédition du 18 mars eut le résultat qu'on sait. Le peuple marcha sur l'Hôtel de ville. La bourgeoisie irritée de la loi sur les échéances et de la loi sur les loyers, froissée dans son patriotisme et dans ses convictions, vit le gouvernement de Bordeaux s'effondrer avec une complète indifférence.

. . . .

Dans la journée, je courus avec M. Langlois aux affaires étrangères, pour demander à M. le chef du pouvoir exécutif ce qu'il comptait faire. Les salons étaient encombrés de gens éperdus, qui couraient, se demandaient des nouvelles, se cachaient pour causer dans les embrasures des fenêtres ou se jetaient désespérés sur les fauteuils. Je remarquai l'amabilité de certains de mes collègues de la droite qui, la veille, ne me parlaient pas. La tâche, comme a dit plus tard M. Thiers, commençait à ne plus être à la hauteur de leur courage.

De temps en temps la porte du fond s'ouvrait, et M. le général Vinoy, en grand uniforme, paraissait sur le seuil, puis la porte se refermait, et le général Vinoy disparaissait. Cela me rappela vaguement les coucous des horloges de |la forêt Noire. Seulement, M. Vinoy ne chantait point.

M. Thiers sortit de son cabinet. Nous le suppliâmes d'autoriser l'élection d'un conseil municipal et de retirer au général d'Aurelles son commandement.

L'armée avait mis la crosse en l'air. Le peuple était victorieux partout. Un conseil municipal, librement élu, pouvait seul calmer l'effervescence, contenir l'Assemblée, sauver l'idée révolutionnaire, amener la paix.

Je résume une conversation d'une demi-heure.

M. Thiers répondit :

« Le général d'Aurelles est un brave soldat. Pourquoi serait-il impopulaire ?

« Quant au conseil municipal, je ne puis rien sans l'Assemblée. »

Il ajouta : « Je crois que le général Vinoy désire vous parler. »

Le général Vinoy avait perdu deux régiments. Il nous demanda si nous les avions rencontrés, et il nous assura que si nous pouvions lui dire où ils étaient, nous lui ferions plaisir.

Nous partîmes désespérés.

A deux heures du matin, je passai à la mairie du deuxième.

Les maires et les adjoints attendaient, indécis, des nouvelles ou des ordres. Enfin, un courrier arriva.

Le gouvernement de la France était à Versailles.

La journée pouvait-elle finir autrement? Non. Ce gouvernement avait attaqué Paris avec la même légèreté que le gouvernement impérial avait attaqué la Prusse. Il avait attaqué avec des forces indisciplinées, découragées, humiliées de nos défaites. Il avait attaqué sans connaître les forces de ses ennemis ; sans s'inquiéter des sentiments de la population. Il avait attaqué avant de chercher un moyen de conciliation ; il avait refusé la paix qui lui était offerte. Il devait être vaincu et il l'avait été.

VII

La lutte.

Le lendemain, la lutte commençait entre Paris et le gouvernement de Versailles.

Cette lutte, si l'on ne s'empressait de la faire cesser, devait rapidement dégénérer en guerre civile.

La révolution, si elle rencontrait des résistances, allait suivre son développement logique. Municipale le 18 mars, elle devait être radicale au bout de huit jours, socialiste au bout de quinze, internationale et cosmopolite au bout de trois semaines.

Pouvait-elle triompher dans une guerre avec l'Assemblée? Je ne l'ai jamais cru. La révolution, ayant laissé échapper le gouvernement, était prise, à Paris, comme dans une souricière. Venait-elle à bout de Versailles? Elle se heurtait aux armées allemandes. La Prusse aristocratique, monarchique et militaire, ne pouvait favoriser l'idée socialiste qui allait se développer. En outre, la Prusse était notre créancière. Un gouvernement révolutionnaire ne lui offrait point des garanties suffisantes pour sa dette. Le jour où l'armée de Paris serait entrée à Versailles, l'armée de Berlin serait entrée à Paris.

C'est au moins ma conviction. J'essayai, quelques jours plus tard, de la faire partager aux membres du Comité central. Ils ne me crurent point. Je suis, aujourd'hui encore, persuadé que j'avais raison.

Ici, deux questions : Pouvait-on éviter la guerre ? Était-ce un devoir, pour tout le monde, de l'éviter ?

Pouvait-on éviter la guerre ? — Les réclamations de Paris étaient on ne peut plus modérées, on ne peut plus justes. Elles étaient commandées par la situation même.

Paris n'avait point fait de révolution. Il n'avait point attaqué le gouvernement, ni essayé de le renverser. Le gouvernement, au contraire, avait tenté un coup de main contre une partie de la garde nationale. Contre toute attente, l'armée avait mis la crosse en l'air. Puis, le gouvernement avait fui à Versailles, abandonnant Paris à lui-même.

Je n'examine point si le gouvernement aurait pu agir autrement. Je constate le fait.

Le Comité central à qui ce gouvernement avait laissé la place, était, naturellement, porté par les événements, arrivé à l'Hôtel de ville. Il y avait trouvé le pouvoir et l'avait ramassé.

Dans de pareilles circonstances, ceci, seulement, pouvait nous ramener à une situation normale : l'élection par toute la ville d'une municipalité.

L'élection de ce conseil était demandée par le Comité central. Pendant vingt ans elle avait été réclamée par les membres de la défense nationale, aujourd'hui ministres, et par M. Thiers lui-même. Depuis vingt ans elle était souhaitée par Paris entier.

Les élections eussent été alors absolument démocratiques, — il est vrai, — mais, en même temps, absolument sages et modérées. Tout le monde craignait la guerre civile.

Ce conseil aurait pu nous éviter tant de désastres, parce qu'il aurait pu contenir les impatiences, empêcher les exagérations, rallier enfin autour de lui la majorité du parti « avancé », c'est-à-dire du parti « agissant ». Il eût paru une sauve-garde contre les entreprises orléanistes que l'on redoutait à juste titre. Son élection eût donné à la bourgeoisie la certitude qu'on ne livrerait plus la ville à un Haussmann quelconque ; sa présence eût assuré Paris qu'au moins, en cas de restauration monarchique, nos libertés municipales seraient sauvegardées.

En demandant un conseil municipal, Paris ne faisait que demander le droit commun. Une loi arbitraire avait seule pu l'en priver. Pourquoi Paris ne jouissait-il point des mêmes prérogatives que Brives-la-Gaillarde ?

Mes amis et moi, nous pensions qu'il ne fallait point laisser briser le lien qui unissait encore Paris au gouvernement central. La rupture nous semblait devoir amener la guerre ; la guerre, en raison des circonstances actuelles, de l'appui que la Prusse allait prêter à Versailles en rendant les prisonniers et en occupant les forts ; en raison de la position stratégique de l'Assemblée qui avait la France derrière elle pour se retirer, la guerre, dis-je, nous semblait devoir amener la défaite de Paris, l'écrasement du parti républicain, la réaction, des désastres enfin, si grands, si effroyables, que les désastres causés par l'invasion étrangère ne seraient rien en comparaison. Nous espérions que l'Assemblée comprendrait :

Qu'une situation si tendue avait besoin d'une solution prompte et radicale ;

Qu'il fallait, à tout prix, éviter la guerre civile ; que la guerre civile, entreprise sous les yeux de l'ennemi vainqueur, était une honte pour le pays.

Que cette guerre devait avoir pour conséquence des malheurs publics ; que ces malheurs atteindraient aussi bien la France que Paris ; aussi bien le gouvernement que le parti révolutionnaire.

L'Assemblée pouvait-elle faire droit aux réclamations parisiennes sans rien perdre de ce qu'on a appelé « sa dignité », sans abaisser, ni abdiquer sa « souveraineté » ? Il lui suffisait de reconnaître à Paris les droits qu'elle reconnaissait à toutes les communes de France ; il lui suffisait d'accorder à Paris les droits qu'elle réclamait elle-même, avec énergie, pour toutes les communes de France.

L'Assemblée, dit-on, ne pouvait pas s'entendre avec le

« Comité central ». L'Assemblée pouvait voter d'urgence la loi municipale et s'entendre avec les maires et les adjoints qui, eux, se seraient entendus avec le Comité central (ils se sont entendus plus tard) pour fixer le jour des élections.

Et puis, est-ce que de pareilles susceptibilités sont de mise quand il s'agit d'empêcher la destruction d'une moitié de Paris et la mort de cinquante mille hommes?

Mais il fallait voter une loi municipale très-large, très-complète. Il ne fallait pas que cette loi laissât au gouvernement le soin de nommer les maires ; il ne fallait point que cette loi restreignît les libertés municipales au lieu de les étendre. Surtout il fallait que cette loi arrivât tout de suite.

Une partie de l'Assemblée fit traîner les choses en longueur ; elle mit près de deux semaines à discuter la loi. Elle craignait de se compromettre en se hâtant. Pendant ce temps-là, la révolution marchait toujours.

Je me souviens que, dans ces jours de fièvre, j'abordai M. de Malleville pour le prier d'abréger le travail des commissions. M. de Malleville me répondit :

— Nous ne voulons pas être « ridicules ».

Vous avez réussi, monsieur. Vous n'avez pas été trop ridicules. Vous avez été odieux. Vous et les vôtres, vous êtes responsables du sang versé.

VIII

La Commune blanche.

L'Assemblée disait : « Paris a rompu avec le seul pouvoir légitime qui existe en France, le pouvoir émané du suffrage universel, Paris doit poser les armes ; il doit demander pardon. Quand Paris sera décidé à se soumettre à notre volonté, nous verrons ce que nous pourrons faire pour lui. »

Demander à la population de Paris de se soumettre d'elle-même, en ce moment, n'était-ce point demander l'impossible ? Il faut, ou avoir bien mal étudié l'histoire de nos révolutions et l'avoir bien mal comprise, ou vouloir la guerre civile pour exiger la soumission d'un peuple armé, qui ne s'est point révolté, qu'on a provoqué imprudemment ; qui est vainqueur, qui est maître de tout, qui est plein de colère, qu'on a enfin froissé dans ses intérêts et dans son orgueil.

N'était-il point raisonnable de faire tous les sacrifices pour éviter l'effusion du sang ?

Des sacrifices ? céder ? à qui ? devant qui ? devant des « bandits », des « brigands », des « pillards », des « misérables », soit ! Acceptons les expressions déjà à la mode à Versailles. Ne valait-il pas mieux risquer de laisser impunis des « misérables », des « pillards », des « brigands », des « bandits », et empêcher la destruction de Paris ; économiser un milliard, prévenir un nombre effrayant de faillites, sauver des milliers d'innocents ?

Ces « brigands », « bandits », « pillards », s'abritaient derrière une idée juste, une réclamation légitime.

On ne vous demandait pas de donner la main aux « misé-

rables », aux « pillards », aux « bandits » et aux « brigands ».
On vous demandait de faire droit à la réclamation.

On y a fait droit. On a voté la loi municipale. Oui. Mais on
l'a votée quinze jours trop tard. Mais cette loi était insuffisante,
défectueuse, restrictive. C'est ne rien accorder que de ne pas
accorder à propos.

L'Assemblée, quand elle se réunit le 19 mars, était dominée
par la haine contre Paris. Qu'était-ce que cette révolution ?
Elle ne la comprenait pas. Toute cette colère qui s'était amas-
sée à Paris pendant le siége, et qui venait d'éclater avec tant
de violence, lui semblait inexplicable. Si Paris se révoltait,
c'est qu'il voulait le pillage et le « désordre. » Mais Paris
n'était point révolté ; quelques « forçats », en rupture de ban,
avaient réussi à s'emparer de l'Hôtel de ville et des ministères.
Ce grand mouvement qui, en deux heures, avait emporté le
pouvoir et dispersé l'armée, était l'œuvre de cinq cents « scé-
lérats ». Le peuple n'y était pour rien. Les « bataillons de
l'ordre » allaient se lever et renvoyer les révoltés au bagne et
à la prison.

J'arrivai dans mon bureau où tout le monde était morne.
J'essayai d'expliquer la situation. Deux de mes collègues de
province voulurent bien m'aider et plaidèrent avec éloquence la
cause de Paris. Le bureau, au bout d'une heure et demie, semblait comprendre la gravité de la circonstance, la nécessité
d'une loi municipale absolument libérale et large. M. Barthélemy Saint-Hilaire demanda la parole.

Je vois encore cette figure froide, ce nez fin, cet œil vif, cette
bouche mince d'où il semble toujours que va sortir un mot spi-
rituel qui ne sort jamais. M. Barthélemy Saint-Hilaire dit qu'il
n'y avait rien à faire qu'à attendre l'arrivée de l'armée de
l'Ouest, de l'armée du Midi et de l'armée du Nord : que Paris
méritait une leçon ; qu'il était aux mains d'une bande de misérables ; que le pillage, enfin, avait déjà commencé.

M. Barthélemy Saint-Hilaire passait pour le confident de
M. le chef du pouvoir exécutif. On crut qu'il avait reçu com-

munication de dépêches importantes et secrètes. J'eus beau assurer qu'il n'y avait point encore eu de pillage, on ne me crut point. Le bureau se sépara, persuadé que les habitants de Cayenne venaient de débarquer à Paris.

La Chambre, travaillée de même probablement dans tous ses bureaux, se résolut à ne rien accorder. Que de peines, hélas ! ne nous sommes-nous pas données pour cette loi municipale !

Les bureaux oubliaient de nommer des commissaires ; les commissaires oubliaient de nommer des rapporteurs ; les rapporteurs oubliaient de faire leurs rapports. Puis, où trouver les commissions ? Elles se faisaient impalpables, invisibles et insaisissables. On les cherchait dans toutes les salles du musée, dans les greniers, dans les caves, derrière les tableaux. Hélas ! on les cherchait en vain. On les demandait en vain aux huissiers. A peine réunies, elles s'évanouissaient et disparaissaient comme des rêves. Autant eût valu essayer de saisir une bouffée de vent ou un rayon de lune.

Et chacun de ces retards a coûté la vie à des centaines d'hommes !

Le président de la commission, où est-il ? Il dîne.

Le rapporteur ? Il déjeune.

Le vice-président ? Il dort.

Les membres ? Ils se promènent.

Quand se réuniront-ils ? Demain ! Demain ! Demain !

C'était toujours demain, et au bout d'une semaine, c'était demain encore ! Et chaque jour M. Barthélemy Saint-Hilaire nous disait : « Le pillage est pour aujourd'hui. »

Ni le pillage ni la loi municipale n'arrivaient.

On nous amusait avec ces lenteurs. On employait le temps à tâcher de réunir les bataillons de l'ordre et à les pousser sur l'Hôtel de ville. L'amiral Saisset était à Paris. Il tentait alors cette entreprise si folle et si maladroite de la rue de la Paix.

M. Thiers croyait l'amiral Saisset populaire. Il ne l'était point. On savait qu'il avait défendu nos forts avec une grande énergie ; on le plaignait d'avoir perdu son fils, mais on le soupçonnait d'être orléaniste, et cela suffisait alors pour exciter la méfiance. En outre. M. Saisset s'entourait de bonapartistes et d'hommes « d'ordre » odieux au peuple.

Ceux-là mêmes qui auraient désiré pouvoir étouffer l'insurrection dès sa naissance, hésitaient à se mettre à sa suite. Un chef de bataillon, qui condamnait absolument le mouvement, m'écrivait plus tard dans les journaux :

« Nous aurions peut-être marché avec les députés ou les maires. Nous ne voulions rien avoir de commun avec l'amiral Saisset. »

L'amiral Saisset faillit un jour, cependant, entraîner la Chambre dans la voie des concessions. Il monta à la tribune ; il raconta ses courses à Auteuil et au Grand-Hôtel ; ses efforts pour réunir des bataillons dispersés ; il peignit l'état de Paris en traits éloquents. Il avoua enfin, chose terrible, n'avoir vu que six cents hommes autour de lui. Le discours est à l'*Officiel*, où l'on peut le lire. L'Assemblée fut profondément impressionnée. Peut-être allait-elle prendre une décision qui nous aurait sauvés...

M. Jules Favre demanda la parole.

Je me souviendrai toujours du serrement de cœur que j'éprouvai. J'étais au pied de la tribune. Je le voyais là avec sa figure de faune solennel, son geste emphatique, cette voix rauque et aiguë qui semble lui sortir du dos ! Il fut éloquent, oui, si l'éloquence consiste à distiller du poison, à envelopper la haine, l'envie, la rage et tout ce que le cœur humain peut contenir de passions inavouables, dans des phrases académiques. Pendant une heure, il supplia l'Assemblée de commencer la guerre ; il l'excita au massacre de cent mille hommes, à la destruction de cette ville qui lui avait confié autrefois, à lui, sa défense et son honneur !

L'Assemblée fut électrisée. On entoura l'orateur, on le combla de caresses et de poignées de main. On convint enfin qu'il était absolument urgent, nécessaire, patriotique, de venger son dernier insuccès électoral.

———

IX

Le parti de l'ordre et le Comité central.

Qu'est-ce que le parti de l'ordre ? Est-ce le parti qui redoute les catastrophes, qui désire la paix, qui veut la liberté et la sécurité pour tous ? Si c'est celui-là, nous en sommes.

Mais ce qu'on appelle « le parti de l'ordre », n'est point celui-là, c'est un parti ennemi de la liberté, ennemi du peuple, qui déclare, comme Pangloss, que tout est pour le mieux dans le meilleur des mondes ; qui se refuse non-seulement à toutes les réformes, mais à tous les progrès ; c'est un parti qui soutient tous les gouvernements : Charles X, Louis-Philippe, Napoléon III, qui admire tous les princes et qui vote tous les plébiscites.

Il se compose des ambitieux, des satisfaits, des poltrons et des égoïstes : la majorité. Ne lui demandez pas un sentiment honnête ; ne lui demandez pas une idée politique. Il approuve les campagnes de Prusse, et il bombarde Paris. Seulement, avant de faire bombarder Paris, il se sauve.

Ce parti, avant le 18 mars, était florissant, railleur, impertinent et superbe. Il s'imaginait avoir empêché le 31 octobre. Nous aurons gagné ceci aux événements de Paris : le parti de l'ordre ne parlera plus de son courage.

L'amiral Saisset a trouvé six cents hommes à Auteuil. Il en a trouvé soixante, rue de la Paix.

Le parti de l'ordre avait toujours dit, dans tous ses journaux, qu'il écraserait quand il voudrait, entre le pouce et l'index, les « braillards » de Belleville. L'occasion était belle, assurément, et j'ai toujours été surpris que le parti de l'ordre n'en ait profité que pour prendre le chemin de fer.

Un assez grand nombre de républicains, qui désapprouvaient le Comité central, s'étaient joints aux débris du parti de l'ordre pour combattre le mouvement. La fraction de la garde nationale qui tenait pour l'Assemblée occupait la place de la Bourse, la mairie du deuxième arrondissement et le Grand-Hôtel. On m'a toujours affirmé qu'un jour cette armée s'était trouvée assez nombreuse ; qu'elle avait même compté jusqu'à treize mille hommes. J'ai toujours, moi, vu peu de monde, tant au Grand-Hôtel qu'à la Bourse. Le parti de l'ordre a reproché aux maires de n'avoir point marché sur l'Hôtel de ville. Les maires attendaient une décision de l'Assemblée. Ils ne voulaient point prendre la responsabilité de la guerre civile ; ils n'auraient enfin ordonné, en faisant cela, qu'un inutile massacre.

La plupart des chefs de bataillon les avaient prévenus de ne point compter sur leurs hommes.

Est-ce d'ailleurs au parti de l'ordre de reprocher aux maires d'avoir manqué d'énergie ?

L'immense majorité de Paris, alors, ou marchait avec le Comité central, ou l'approuvait ou le laissait faire.

Pour ma part, je voyais le mouvement s'accentuer avec désespoir. Je ne lui trouvais point d'issue. Je flairais les désastres. Versailles d'un côté, la Prusse de l'autre ; ne pouvait-on déjà pressentir la guerre civile, le bombardement, la résistance désespérée, les horreurs de la chute, les incendies ?...

Nous n'avions qu'une pensée : sauver l'idée révolutionnaire, le grand principe de la liberté municipale, sauver tant de républicains qui allaient succomber fatalement dans la lutte, prévenir les catastrophes, conserver cette armée parisienne qui, seule, tenait en échec la réaction, décourageait le monarchisme, effrayait les prétendants... Où est-elle, aujourd'hui, calomniée, terrifiée, décimée, dispersée ?...

Sauver aussi l'unité du parti républicain divisé... J'allai plusieurs fois à l'Hôtel de ville. Trois fois, nous avions obtenu du

Comité central qu'il reculerait les élections… trois fois la lutte, près de s'engager, avait été évitée. Après le discours de M. Jules Favre, ce fut fini. Le Comité central, dominé par sa haine de l'Assemblée, fier de son succès, certain de la victoire définitive, et, voyant qu'il avait affaire à un ennemi implacable, entraîna résolûment le peuple dans une guerre qui devait être si fatale. Dès lors, il n'écouta plus ni objection, ni réclamation. Il devint sourd comme Versailles.

Le Comité central manqua ou d'audace révolutionnaire ou de prudence. Ou il aurait dû, le 19 mars, bloquer le Mont-Valérien et marcher sur Versailles alors sans défense, ou, ne l'ayant point fait, il aurait dû retarder les élections encore, prévenir la lutte, empêcher la rupture entre Paris et la France, qui ne pouvait amener que des désastres. Mais le gouvernement se serait, dans le premier cas, retiré de Versailles sur Orléans. Et, en cas de victoire du Comité central, qu'aurait dit notre créancier, le roi de Prusse ?

Un espoir restait : l'élection du conseil municipal. On ne disait pas encore : la Commune.

Mais cette élection ?… L'Assemblée refusait de la sanctionner. Elle élucubrait, sans se presser, les mesquineries de sa loi municipale. Paris, cependant, ne pouvait rester dans l'état où il était depuis plus de huit jours. Des barricades dans toutes les rues ; des sentinelles à tous les carrefours ; six cents canons rangés sur les places publiques. Le commerce arrêté ; l'industrie en suspens, la guerre civile en permanence.

MM. Schœlcher, Tolain, Greppo, Floquet, Clémenceau et moi, nous rompîmes avec l'Assemblée et nous nous joignîmes aux maires et adjoints, d'accord avec le Comité central, pour autoriser les élections.

X

La Commune.

Les élections furent ce qu'elles devaient être après huit jours de lutte. Elles se ressentirent, naturellement, de la violence de la situation.

Le parti de l'ordre, en majorité, s'était sauvé ou abstenu. Le parti républicain modéré avait voté en partie. Le parti républicain socialiste avait voté en masse. Il y cut deux cents quarante mille votants, c'est-à-dire vingt mille de plus qu'aux élections du 2 juillet.

Les journaux de Versailles prétendirent, néanmoins, que le vote était nul, « moralement » et légalement.

Quinze ou vingt membres de la Commune, Tirard entre autres, donnèrent leurs démissions dès les premiers jours. Quelques-uns espéraient ainsi affaiblir la Commune et lui enlever de son autorité morale. Ce calcul, qu'on avait fait déjà pour l'Assemblée, quand on avait dit : « Il faut que toute la gauche se retire, l'Assemblée sera réduite à l'impuissance », est, je crois, un des plus faux qu'on puisse faire en politique. Les démissions de plusieurs de ses membres n'ôtent point de force à un corps délibérant quand il est issu du suffrage universel. Elles lui en donnent au contraire, en le laissant absolument maître d'agir à sa fantaisie. Et ce sont seulement les adversaires de ceux qui se retirent qui profitent de cette retraite volontaire.

Ces démissions influèrent d'une façon malheureuse sur les événements.

Dès la première semaine, la Commune se divisa en deux groupes. Le premier se composait d'hommes fermes et estimés, à la tête desquels étaient Theisz, Beslay, Lefrançais, Varlin, Arnould, Vermorel, Delescluze, Meillet, etc., etc. L'autre, moins nombreux, était formé d'hommes aveugles, qui ne tenaient compte ni des circonstances, ni de la situation. On dit que, parmi eux, s'étaient glissés des traîtres.....

Je n'ajoute rien.

Je n'ai point ce courage, qui consiste à jeter de la boue aux malheureux, quels qu'ils soient. Rien ne m'a semblé plus méprisable que cette population élégante de Versailles, qui insultait les femmes prisonnières et qui frappait les blessés. Bonaparte lui-même, s'il était aux mains des gendarmes, aurait droit au silence et au respect.

J'ai protesté, à cette époque, et contre les suppressions de journaux et contre les attentats à la liberté individuelle. La suppression des journaux était une des mesures les plus maladroites que l'on pût prendre. Les journaux supprimés reparaissaient le lendemain sous un autre titre, et aussi librement que la veille. La suppression devenait plutôt une taquinerie qu'une pénalité. Et pourquoi une pénalité? Pourquoi violer la liberté quand on déclare vouloir la défendre? On objecte en vain l'état de guerre. L'état de guerre n'excuse rien. Ce ne sont point des carrés de papier qui eussent pu faire crouler la Commune un jour plus tôt, et la suppression de ces carrés de papier éloignait de la Commune un nombre considérable de républicains et de socialistes sincères.

M. Rossel, dans une lettre célèbre, reprocha avec raison à la Commune et au Comité central leurs tendances littéraires. Commune et Comité avaient en effet la manie des proclamations et des professions de foi. Et cependant, pas un seul jour, ils ne surent publier un programme net et bien défini. beaucoup de bonnes idées furent noyées dans un océan de périodes sonores. Tort plus grave : les actes démentaient presque toujours les paroles.

La partie ferme, éclairée et clairvoyante de la Commune, fut dominée et entraînée par la partie aveugle.

Les journaux et les orateurs du parti victorieux ont, bien entendu, rejeté sur la Commune tout entière la responsabilité des incendies et des désastres. Il serait temps, cependant, d'arrêter un peu ce torrent d'injures qu'on. déverse sur des vaincus. Vingt-cinq membres de la Commune se sont retirés deux jours avant l'entrée de l'armée française. Ont-ils pu incendier et donner des ordres? A-t-on oublié que M. Beslay a sauvé la Banque? Que M. Theisz a sauvé l'Hôtel des Postes?

MM. Alavoine et Debock, munis d'un ordre de M. Delescluze, n'ont-ils point sauvé les Archives? Et comment et pourquoi M. Delescluze, qui a donné et signé l'ordre de sauver les Archives, aurait-il écrit et signé l'ordre d'incendier Paris?

Il y a là une contradiction inexplicable.

Les « journaux de l'ordre » ont publié quelques pièces fausses.

Combien?

Qui a enduit de pétrole les maisons particulières et l'Hôtel de ville?

L'histoire le dira. Mais il serait odieux, aujourd'hui, de confondre les innocents avec les coupables.

N'est-on pas aveuglé par la passion?

On va jusqu'à demander la tête de Rochefort. Rochefort avait refusé de faire partie de la Commune. Rochefort n'avait aucun pouvoir. Il écrivait. Et quand il attaquait les membres du gouvernement de Paris, il avait au moins le mérite de ne pas être à Versailles. On ne saurait le rendre responsable d'actes qu'il n'aurait pu empêcher. Beaucoup profitent des circonstances actuelles qui désirent seulement se venger de lui.

Theisz ne voulait point des incendies, puisqu'il a lutté, et au péril de sa vie, contre les incendiaires; Beslay ne voulait point des incendies. M. de Plœuc vous le dira; Alavoine et

Debock, et Delescluze ne voulaient point des incendies : demandez .à M. Maury. Il n'est point suspect. Les vingt-cinq membres de la Commune qui se sont retirés avant l'entrée des troupes de Versailles, ne voulaient point des incendies. Et à qui fera-t-on croire que les ouvriers de Paris avaient un intérêt quelconque à brûler Paris ?

Mais quoi ! Tandis qu'on accablera des fugitifs et des prisonniers, pas une voix ne s'élèvera-t-elle pour protester contré les exagérations sanglantes qui ont suivi la prise de la ville ? La presse est muette. La tribune est muette. Ah ! les incendies sont horribles : qui le nie ? Mais ne direz-vous rien des fusilades sommaires ?

La résistance est terrible. Bien ! Croyez-vous la répression innocente ?

XI

La guerre sociale.

Versailles rassemblait son armée avant de rompre définitivement avec la Commune. Elle obtenait de la Prusse la rentrée de nos prisonniers. Pour écraser Paris, M. Jules Favre n'hésitait pas à se liguer avec M. de Bismark.

La plupart des commandements étaient confiés aux généraux de l'empire.

Versailles voulait la guerre.

Versailles croyait que dix mille « forçats » occupaient Paris.

Versailles était sûr de triompher, grâce à l'appui qu'allait lui prêter le roi de Prusse.

Versailles, s'il restait sous le coup de sa défaite du 18 mars et de sa fuite, craignait d'être « déconsidéré » aux yeux de l'Europe.

Versailles voulait remplir son programme : « *la République sans républicains.* » Il faudrait dire, pour être vrai : « La République sans le peuple. » Le gouvernement qu'on veut établir est un « gouvernement bourgeois, » rien de plus. Fortifier l'aristocratie bourgeoise, « contenir » les masses, c'est à peu près toute sa politique. Il est prêt à accorder les libertés dont la bourgeoisie a besoin et qu'elle réclame : les libertés nécessaires. Encore ces libertés doivent-elles être tenues en laisse par un jury et des tribunaux. Il y a de certaines limites qu'on ne leur laisse pas franchir. On fait abstraction des problèmes sociaux. La « sécurité » de la nouvelle aristocratie exige que la solution des questions ouvrières ne vienne pas troubler les esprits ou, comme on dit, « effrayer les intérêts ». Avec la

Commune, on crut voir se lever le spectre du socialisme. Il fallait donc écraser la Commune. La Prusse avait fait une « guerre de race, » Versailles entreprit et soutint une « guerre de classe ».

J'ai pour moi, ici, l'autorité des journaux de Versailles. Tous disaient : *C'est la guerre de ceux qui ont contre ceux qui n'ont pas.* — Le travail contre le capital. — L'ouvrier contre le bourgeois.

Les malheurs causés par la guerre : les incendies, les massacres qui ont suivi la prise de Paris, le bombardement, tout cela n'est rien.

Le grand désastre est celui-ci : l'antagonisme de deux classes de la société, peut-être irréconciliables : la guerre sociale en permanence.

Versailles, qui n'a jamais bien vu la situation, n'a point compris que sa victoire ne pouvait rien finir ; qu'une fois engagé dans la lutte, il fallait aller jusqu'au bout ; que pour achever l'œuvre commencée, il fallait anéantir « une classe » d'hommes.

Croyez-vous qu'après la prise de Paris tout soit terminé ? Non. Les choses sont remises en l'état où elles étaient il y a un an. Seulement, les haines sont plus profondes, et un abîme s'est creusé, qui n'existait pas, entre le peuple et l'aristocratie bourgeoise.

On vient à bout d'un parti politique avec du canon. On peut le contenir, l'anéantir même. On ne supprime pas le peuple.

Mais il n'y a plus de partis politiques, aujourd'hui. Au moins, a-t-on abandonné les questions de politique pure aux docteurs de la bourgeoisie, qu'elles amusent. La chose importante, en effet, n'est point telle ou telle question politique, mais bien telle ou telle question sociale qui est derrière. On ne peut agiter l'une sérieusement sans toucher à l'autre. Et une guerre sociale doit être le résultat immédiat de toute guerre civile.

Une guerre civile est un grand malheur. Une guerre sociale, quelle qu'en soit la fin, compromet toujours l'avenir d'une société.

Comment, à Versailles, n'a-t-on point vu cela? Comment ne l'a-t-on point compris?

Comment, à Versailles, ne s'est-on pas dit qu'après une victoire, achetée par trois mois de lutte, il faudrait :

Exiler, déporter et décimer la majorité de la population ouvrière de Paris. — Recommencer pour les ouvriers ce que Louis XIV a fait pour les huguenots en révoquant l'édit de Nantes.

C'est-à-dire : donner à l'Allemagne, à l'Angleterre, aux États-Unis, des hommes intelligents et habiles, qui emporteraient nos industries nationales avec eux et qui nous ruineraient en nous créant une concurrence.

En ce cas, que deviendra la bourgeoisie parisienne?

Peut-elle se passer de la classe ouvrière?

A qui devait-elle sa prospérité et sa fortune?

Déjà beaucoup d'industries manquent d'ouvriers et ne peuvent satisfaire aux commandes. L'Europe prend, peu à peu, l'habitude de se passer de nos produits. Si les ouvriers nous font défaut, comment lutterons-nous?

C'est la richesse de Paris, c'est une partie de la richesse de la France, que ces hommes, qu'on parque comme des bêtes féroces, à Satory.

Combien j'en connais qui s'expatrient! Combien d'autres vont les suivre! L'Amérique les appelle. Ils y trouveront le bien-être, le repos, la liberté.

Les représentants d'une grande compagnie industrielle sont venus dernièrement, trouver M. Thiers, pour lui dire :

— Vous avez là trente mille hommes dont vous ne savez que faire. Livrez-nous-les. Nous les conduirons à nos frais, à New-York. Nous leur donnerons des outils, des habitations, du travail. Ils ne gêneront plus votre gouvernement.

En d'autres termes : « livrez-nous l'industrie parisienne. »

M. Thiers acceptera-t-il? Oui, s'il veut ruiner définitivement Paris et la classe bourgeoise.

Faut-il renvoyer les prisonniers à Paris? Croyez-vous qu'ils oublieront les fusillades sommaires, les massacres dans les églises, les arrestations, les injures ignobles dont une presse infâme et une population lâche les ont accablés?

N'avez-vous pas créé des haines inextinguibles ?

Pardonneront-ils au gouvernement sa crainte de la liberté, sa défiance du peuple, son système de répression, sa haine pour tout ce qui s'intitule « socialisme » ?

Pourraient-ils avoir une autre pensée que de prendre leur revanche, de recommencer la guerre et d'écraser à leur tour leurs ennemis ?

Tous les malheureux qui ont survécu à ces égorgements regrettent un parent ou un ami, une mère ou une sœur; tous vont se trouver dans la misère la plus horrible... et vous leur demanderiez de perdre le souvenir de tant de maux et de tant de douleurs? Est-ce sérieux ? Vous les traitez de « bandits » et vous exigez d'eux toutes les vertus.

Le gouvernement s'est mis dans cette alternative :

Ou de sévir contre la « classe ouvrière ». — Aujourd'hui il a contre lui les ouvriers de Paris, demain il aura les ouvriers de Lyon, de Toulouse, de Lille, etc., etc.

C'est la ruine de la « classe bourgeoise », c'est aussi la ruine de la France.

Ou d'avoir à combattre dans dix ans, dans vingt ans, dans trente ans, une insurrection pareille à celle du 18 mars.

Dans les deux cas, c'est la guerre.

Il n'y a qu'un remède à cette situation : une République franchement démocratique. Si on ne l'emploie pas, qui peut dire ce qui se passera avant un demi-siècle?

Vainqueurs de Paris, prenez garde à vos enfants !

———

XII

La Ligue républicaine des droits de Paris.

Les guerres sociales ont cela de funeste, qu'elles sont aussi préjudiciables à la classe victorieuse qu'à la classe vaincue.

La lutte commencée, Versailles, avec ses généraux impérialistes, sa Chambre monarchiste, sa population affolée de terreur, représentait la réaction, — c'est-à-dire la suppression même des libertés nécessaires, le dédain des questions sociales, la haine, — comme le disaient les journaux, — « de ceux qui ont contre ceux qui n'ont pas. »

La Commune, malgré ses excès, ses exagérations et ses incroyables fautes, représentait l'idée révolutionnaire, — ou plutôt l'idée révolutionnaire et progressiste était dans le peuple de Paris, innocent des fautes, des exagérations et des excès.

En pareille circonstance, il me semblait que le devoir du parti républicain tout entier consistait :

1° A sauver l'idée révolutionnaire d'un échec, Paris d'une destruction presque totale ;

2° A empêcher une guerre dont les conséquences devaient être aussi désastreuses pour les vainqueurs que pour les vaincus, pour le gouvernement que pour le peuple, pour Versailles que pour Paris.

Comment ?

En créant, non-seulement à Paris, mais dans la France entière, un grand mouvement d'opinion ; en faisant intervenir le pays entier dans la querelle, de telle sorte qu'il pût, non point réconcilier Paris et Versailles, chose impossible, mais imposer la paix.

Plus tard, les conseillers municipaux le tentèrent, unis à la Ligue républicaine et aux Chambres syndicales. S'ils échouèrent, c'est que le mouvement n'eut point assez d'ensemble et de cohésion, et qu'il se produisit trop tard. Le parti républicain, d'ailleurs, ne pouvait agir sans ses chefs, c'est-à-dire sans ses députés.

Je demeure persuadé que, si seulement la députation de Paris était venue à Paris tout entière ; si elle avait parlé et agi, elle eût donné l'élan au pays entier que ruinait cette déplorable guerre. La paix était « imposée », et que de catastrophes évitées !

Je viens de reproduire le programme de la Ligue d'union républicaine des droits de Paris. J'en avais eu la pensée avec Floquet. Nous allâmes chercher notre collègue Clémenceau. Autour de nous se groupèrent un grand nombre de fermes républicains. Des républicains de Paris d'abord, de province ensuite.

Peu de temps après je fus arrêté.

Si la Ligue n'a point atteint son but, cela tient, je crois, aux causes que je viens d'indiquer. Elle n'eut point les députés avec elle et ne put conquérir assez vite une grande autorité dans le pays. M. Lefèvre, qui écrit son histoire, nous dira ses généreuses tentatives.

Quoi qu'il en soit, la Ligue joua un grand rôle dans les derniers événements. Les habitants de Neuilly lui durent une trêve qui sauva la vie à beaucoup d'entre eux. Elle eut dans les élections du 2 juillet une influence incontestable. Je crois, d'ailleurs, qu'elle ne considère point sa mission comme terminée.

La Ligue avait posé les bases de la paix qu'elle réclamait :

Reconnaissance de la République ;

Extension du droit municipal ;

Abandon de toute idée de répression.

Elle demandait la République, parce que le gouvernement républicain, aujourd'hui, lui paraissait le seul capable d'assurer la tranquillité publique; le seul qui pût relever la France de ses désastres ; parce que le gouvernement républicain étant le gouvernement de fait, actuel, demander son maintien, c'était se montrer « conservateur », et témoigner de l'horreur que nous avions tous pour les bouleversements et les coups d'État ; parce qu'enfin le régime monarchique semblait à la Ligue devoir préparer de nouvelles révolutions.

Elle demandait l'extension du droit municipal. Les intérêts des villés et les intérêts des campagnes ne sont malheureusement point les mêmes, ou du moins les campagnes et les villes se sont trouvées en désaccord depuis plus de vingt ans. Le seul moyen de faire cesser cet antagonisme était d'accorder à tous des libertés assez complètes pour que les campagnes n'opprimassent plus les villes, pour que les villes n'opprimassent plus les campagnes.

Elle demandait l'abandon de toute idée de répression, parce qu'elle prévoyait les catastrophes et la guerre sociale.

Tout cela était très-modéré.

M. Thiers répondit que la République durerait tant qu'il serait au pouvoir. Nous le savions. Un vote de la Chambre pouvait lui enlever ce pouvoir. La Chambre était monarchiste. La réponse de M. Thiers ne garantissait donc point l'existence de la République.

M. Thiers répondit que la loi municipale avait été adoptée par la Chambre ; qu'il ne la pouvait changer. Tout Paris, et, si je ne me trompe, la France entière était unanime pour la déclarer défectueuse.

M. Thiers promit de ne punir que les meurtiers des généraux Lecomte et Clément Thomas. . . . .

. . . .

. . . .

Une occasion très-honorable se présenta de faire la paix

Un grand nombre de conseils municipaux vinrent la demander à Versailles. Si le gouvernement éprouvait trop de répugnance à traiter avec la Commune, ne pouvait-il point conclure un arrangement avec les conseils municipaux élus ?...

Tout échoua.

. . . .

XIII

Démissions.

Je n'aime point les démissions. Donner sa démission, c'est d'ordinaire abandonner son poste, renoncer au bien que l'on croit pouvoir faire, fuir le combat. Cette opinion, que j'ai toujours, me force à expliquer pourquoi j'ai cru utile, nécessaire et honnête de donner ma démission de représentant du peuple.

1° Au moment où commença le bombardement de Paris, l'Assemblée avait définitivement adopté une politique qui révoltait notre conscience.

2° Il était *matériellement* (je dis *matériellement*) impossible de protester à la tribune, publiquement.

Le gouvernement publiait son programme :

« La République sans républicains. »

Ou les républicains l'acceptaient, ou ils le repoussaient.

S'ils le repoussaient, ils devaient en appeler au pays.

S'ils l'acceptaient, ne devaient-ils point dire :

— Vous avez raison. Et comme moins il y aura de républicains au pouvoir, mieux la République sera assise, nous nous retirons.

Je me demande même, à ce propos, comment les ministres ont adopté ce programme.

Entendent-ils déclarer qu'ils ne sont pas républicains ?

Veulent-ils, en restant à leur poste, faire obstacle à l'établissement de la République ?

Mystère !

Que voulions-nous ? Faire cesser la guerre. Prévenir tant

d'horribles catastrophes, sauver l'idée révolutionnaire. Pour cela, que fallait-il? Agir avec la province sur le gouvernement et sur Paris. J'en appelle à tous ceux qui ont assisté aux événements. Pour agir sur les combattants de Paris, ne fallait-il pas avoir rompu tout lien avec Versailles?

Les électeurs ont été mille fois trompés. La plupart de ceux qui ont mendié des bulletins de vote avaient des vues ambitieuses. Députés, ils ont oublié leurs promesses de candidats. Aujourd'hui, les électeurs se défient de tout le monde. Ils ont raison. Il est indispensable de bien montrer que, lorsqu'on agit de telle ou telle sorte, on n'obéit point à une arrière-pensée personnelle.

On ne réussit pas toujours, mais il peut être honorable d'échouer dans ses entreprises.

XIV

Conclusion.

Les événements qui viennent de se passer démontrent amplement que M. le général Trochu, président du gouvernement de la défense nationale, a eu entre les mains une force militaire terrible dont il n'a ni su ni voulu se servir.

Ils ont démontré encore que les hommes qui ont poussé le gouvernement à la répression à outrance ont une part de responsabilité dans nos malheurs.

Si ces hommes ne se sont point aperçus que l'armée fédérée était très-considérable, s'ils n'ont point deviné que la résistance serait effrayante et désespérée, ils ont été insensés et aveugles.

S'ils ont aperçu cela et deviné cela, et que, l'ayant deviné et aperçu, ils aient continué leur œuvre, qu'ils se regardent comme les premiers auteurs des incendies et des désastres !

A l'aggravation du traité de paix, à notre dette énorme, à l'occupation de notre territoire, à nos défaites est venu s'ajouter un malheur plus grand que les autres réunis : la guerre sociale en permanence.

Qu'ont fait ceux qui haïssaient le socialisme? Ceci: aujourd'hui, non-seulement à Paris, mais en France, non-seulement en France, mais en Europe, une question domine toutes les autres : la question sociale.

« Contenir » toujours ; « réprimer » toujours est impossible. Un jour vient, fatalement, où la machine éclate et où le gouvernement saute.

Encore une fois, je ne vois qu'un remède : la République démocratique et sociale.

E. L.

Prison de Chartres. — Mai 1871.

Paris. — Typ. Rouge frères et Comp., rue du Four-St-Germ., 43.